RENCONTRES
AVEC LA VIE SAUVAGE

- Photographes nature -

Édition : BoD • Books on Demand GmbH, In de Tarpen 42, 22848 Norderstedt (Allemagne)
Impression : Libri Plureos GmbH, Friedensallee 273, 22763 Hamburg (Allemagne)

Photo de couverture :

Jean-Charles Gautier « Les amis du Douanier »

ISBN : 978-2-3225-3860-7
Dépôt légal : Septembre 2024

Sommaire

Introduction

Qu'est-ce qui pousse un.e photographe à se lever à quatre heures du matin, à parcourir plusieurs kilomètres en voiture, même en hiver, à marcher parfois plusieurs kilomètres de plus, chargé.e d'appareils et de trépieds, pour se glisser ensuite dans une eau glacée jusqu'au ventre afin de prendre une photographie d'un animal sauvage ? Un besoin de s'extraire de la civilisation ? Un amour pour la nature en général ou pour une espèce en particulier ? Une irrésistible envie d'expérimenter des sensations physiques extrêmes et souvent inconfortables, voire douloureuses ? Les photographes nature sont-ils à ce point insensés, fêlés, toqués ?

Je ne le crois pas. Je pense au contraire qu'ils sont fous d'amour. Or, l'amour pousse les plus sages à toutes les folies. Elle fait se lever l'amoureux en pleine nuit pour aller voir sa belle quelques minutes et lui voler un baiser ; elle fait traverser un océan pour retrouver l'élu de son coeur en stage pour six mois à l'autre bout du monde ; elle fait dépenser une somme que l'on n'aurait jamais mise pour soi afin d'offrir un livre rare à sa future moitié ! Les photographes sont des amoureux, et des amoureux des plus sensés.

En effet, ils préparent soigneusement leurs sorties, ils vérifient (presque) toujours leur matériel, étudient les lieux et apprennent les habitudes de leurs sujets, devenant ainsi de fins connaisseurs des espèces photographiées. Surtout, ils ont envie de partager leurs photos pour que les spectateurs découvrent, apprennent et s'émerveillent à leur tour. Et ils ont raison. Les animaux sauvages disparaissent. Près de 70% des populations d'animaux sauvages vertébrés ont disparu[1], trop chassés ou trop pêchés ou ayant vu leur habitat détruit par l'homme ou pollué par lui. Les mammifères sauvages, par exemple, ne représentent plus que 3% des mammifères vivant sur Terre. Les autres 97% sont des animaux d'élevage destinés à l'abattoir. Autant dire qu'apercevoir un renard, des grues qui volent en V ou même un chardonneret devient un privilège de plus en plus rare. Il faut donc remercier les photographes de nous permettre de voir, sur papier ou sur écran, les merveilles que la nature a mis des milliers d'années à créer et qui évoluent dans un parfait équilibre.

(1) Rapport Planète Vivante 2022.

Loin d'être fous, les photographes nature sont des chanceux ou plutôt des personnes qui se donnent la peine de vivre des moments uniques dans la nature, de faire corps avec elle, d'être acceptés comme une espèce parmi d'autres espèces, souvent présentes sur Terre bien avant nous.

Dans ce livre de rencontres avec la vie sauvage, les photographes révèlent aussi leurs sentiments, ce qui n'est pas toujours le cas. Ils s'exposent. Ils nous montrent aussi qu'il faut savoir regarder autour de soi, lever le nez de son portable, sortir ou simplement regarder par la fenêtre si l'on a la chance d'avoir un arbre ou un buisson dans son champ de vision, parfois juste le ciel. En observant les animaux et les végétaux qui se métamorphosent aussi au fil des saisons, on commence à les connaître, à les reconnaître, à les aimer. Et si l'on aime, alors il n'y a qu'un pas pour les respecter ou aller plus loin et vouloir les protéger. En lisant ces témoignages, vous prendrez conscience que les animaux sauvages, que nous classons souvent en-dessous de l'humain, ont en réalité une importance primordiale pour et dans nos vies. Ils protègent notre environnement et notre mental. Pourtant, qui sait encore qu'un pic est indispensable à la survie d'une forêt et que la forêt nous protège des vents violents et des inondations ? Qui sait que le corps de chaque baleine est un puits de carbone plus important qu'un arbre ? Qui ne s'est pas réfugié auprès de son animal familier ou dans la nature pour retrouver la sérénité après un méchant coup de la vie ? Ce n'est pas tout. Si la nature nous fait ressentir des émotions immédiates, elle nous construit aussi depuis l'enfance, à notre insu. Combien de chevaliers ont terrassé de dragons pour nous apprendre le courage ? Combien de petits lapins et de douces biches ont suscité chez nous de la tendresse ? Qui n'a pas éprouvé de la peur puis de la compassion en voyant sur son petit écran un fauve courir après une antilope pour la dévorer ? Et tout cela, en imagination ou simplement en les regardant. Protéger le vivant, s'intéresser au « sauvage » c'est nous assurer nous, humains, de rester des êtres sensibles et de ne pas devenir des bêtes féroces ou des robots…

Tout le vivant sur Terre est interdépendant, mammifères humains compris. D'ailleurs, les photographes de cet ouvrage expriment bien leur bonheur d'être parmi les « autres ». Puissent ces témoignages susciter chez vous, lecteur, les mêmes sentiments et un profond respect pour la nature. Qu'ils vous donnent envie de mieux la connaître, de la protéger, parfois même de la défendre.

Christine Virbel Alonso
Auteure environnement
Membre des JNE (Journalistes-écrivains
pour la Nature et l'Écologie)
Présidente de la Commission Éducation et
Communication au comité français de l'UICN

Laurent Beauhaire

Approche sensible dans les hautes herbes

Approche, vas-y approche, approche encore un peu, voilà c'est bien.

Le doigt sur le déclencheur, j'attends le bon moment pour pouvoir le photographier à travers les hautes herbes. Clic, clic, clic le lièvre est dans la boite, il ne m'a pas entendu, j'ai mis une housse anti-bruit.

Il faut que toutes les conditions soient réunies pour faire de belles photos. Une lumière douce et que l'animal ne nous repère pas, moi et la lentille de mon objectif.

Autre élément important dans la photographie animalière, c'est le vent. Toujours se positionner face au vent, surtout pour les mammifères qui ont un odorat développé.

Sur mon Canon, je visionne les quelques photos prises ce matin et je ne regrette pas de m'être levé si tôt. Je dois pouvoir me camoufler juste avant le lever du soleil.

Confidences d'un amoureux de la nature….

Lièvre - L. Beauhaire

Alain Guéguen

La chance du débutant

Etant jeune, j'avais déjà pratiqué la photo argentique et je développais moi-même mes photos dans une petite chambre noire que j'avais bricolée dans le sous-sol, chez mes parents. Mais vie familiale et professionnelle obligent, il s'est passé près de 40 ans avant que je ne retourne à la pratique de la photographie, devenue numérique entre-temps.

Début 2019, j'ai adhéré au Photo Club de Romorantin afin de rencontrer des photographes et d'acquérir des compétences techniques, tant au niveau du matériel, de la prise de vue, que du post-traitement... A cette époque, je ne savais pas encore quelles photos je voulais faire (paysages, portraits, nature mortes...) et c'est en faisant quelques sorties nature en compagnie de photographes pratiquant la photo animalière que j'ai attrapé le virus ! J'ai toujours aimé les animaux, mais pour les photographier sans les déranger, il faut acquérir des techniques ! Pourtant, la chance sourit souvent aux débutants.

En effet, au mois d'avril 2019, je me trouvais dans un observatoire au bord d'un étang de Sologne depuis au moins deux heures sans sujets intéressants à photographier. Je commençais à m'ennuyer et envisageais de ranger mon matériel pour partir, un peu déçu à l'idée de rentrer chez moi « bredouille ».

Soudain, un héron cendré se pose sur le bord de l'étang, devant moi, à environ une trentaine de mètres et se déplace nonchalamment le long de la berge… Je décide de ne pas ranger mon appareil photo et je l'observe du coin de l'œil, sachant que des photos de héron cendré, j'en ai déjà beaucoup dans mon disque dur, et que ce n'est pas très original… Cet oiseau est tellement courant que c'est pratiquement le premier sujet qu'un débutant peut photographier assez facilement.

Tout à coup, à ma très grande surprise, le héron plonge son bec dans l'eau à la vitesse d'un éclair et embroche un énorme brochet d'au moins 2 kg qui se débat énergiquement au milieu d'énormes éclaboussures d'eau ! Je saisis rapidement mon appareil photo et sans prendre le temps de vérifier mes réglages, tout excité, je shoote frénétiquement en rafales ! Après une dizaine de secondes à se battre avec sa proie, le héron, lesté d'un tel poids à transporter, finit à grande difficulté par s'envoler. Je

Héron au brochet - A. Guéguen

suppose qu'il est parti manger son poisson plus loin ou peut-être rejoindre la héronnière pour nourrir ses petits… Il avait largement de quoi nourrir plusieurs sujets !

Au total, j'ai pris une vingtaine de photos, dont certaines de qualité acceptable. Quelques photographes expérimentés m'ont félicité et m'ont même dit que depuis de nombreuses années de pratique, ils n'avaient pas eu ma chance… la chance du débutant ? Une telle prise pour un héron n'est pas courante, généralement, il pêche de bien plus petits poissons ou batraciens…

Cette photo n'a rien d'artistique, mais son côté insolite réside dans la taille énorme de la proie par rapport à son prédateur et la rend « intéressante ». Depuis cette série de photos, je n'ai jamais assisté à une pêche aussi miraculeuse pour un héron et c'est bien le souvenir qui, jusqu'à aujourd'hui, m'a marqué le plus dans ma courte expérience de photographe animalier.

Jérôme Bouet

Un combat inattendu de sangliers au petit matin

I ne faisait pas bien chaud ce matin là, pas plus de 4 à 6 °C. Alors qu'il faisait encore un peu nuit, on sentait déjà que le jour serait gris et bouché. Une épaisse couche de brume recouvrait l'étang lorsque j'ai mis mon affût à l'eau. J'étais venu photographier des canards sauvages vivant en colonies bruyantes. J'espérais aussi saisir des hérons ainsi que des aigrettes.

Dans mon affût flottant j'avançais doucement. J'avais de l'eau jusqu'à la ceinture, mais équipé d'une combinaison d'une épaisseur de 6 mm, d'un bonnet et d'une bonne écharpe, je me sentais finalement confortable et bien au chaud. Il faut dire que je portais aussi une bonne paire de chaussettes épaisses par-dessus un collant. Un peu de glace autour de l'étang me rappelait toutefois qu'on était mi-janvier. En réalité, le plus difficile était au niveau des mains car pour manipuler le matériel photo, c'est compliqué de mettre des gants.

En déplaçant mes pieds sur le fond de l'étang, une forte odeur de vase remontait à la surface, un véritable atout pour masquer ma propre odeur et m'affranchir d'avancer face au vent pour approcher des animaux. Après plus d'une heure d'attente, mes sujets espérés n'étaient pas au rendez-vous et j'avais décidé de rentrer quand j'entendis les grognements typiques d'une compagnie de sangliers. Plusieurs laies s'étaient approchées de l'étang en traversant la roselière dont deux qui se mirent à l'eau malgré le froid. Les deux laies étaient entrées paisiblement dans l'eau, à bonne distance l'une de l'autre. L'une d'elles remuait la queue en faisant gicler de l'eau. La scène était paisible. Je me trouvais à moins d'une trentaine de mètres. J'ai donc pu immortaliser quelques attitudes intéressantes de ces deux laies prenant leur bain durant une dizaine de minutes.

Soudain j'ai entendu de nouveaux grognements, plus intenses : deux gros mâles sangliers se pourchassaient dans la roselière. C'était la période du rut pour ces grands mammifères, les laies étaient en chaleur et ces gros mâles se battaient pour déterminer qui en aurait l'exclusivité. C'était la première fois que j'assistais à un combat entre deux gros mâles, ce qui est très impressionnant. Ils dégageaient d'ailleurs une très forte odeur que je pouvais sentir depuis mon affût. Mais je n'avais pas peur car il n'y a aucun risque à s'approcher des sangliers. Ils peuvent être agressifs lors d'une action de chasse ou quand ils sont blessés ou bien lorsqu'une laie est avec ses marcassins et que l'un d'eux s'approche d'un humain, mais c'est vraiment rare. Je le savais car j'avais photographié des centaines de sangliers dans les étangs de Sologne avec souvent une très grande proximité, surtout les soirs d'été quand ils viennent boire et se rouler dans la boue pour se débarrasser des parasites. La seule crainte que je ressentais était de louper mes photos par l'excitation de voir un tel spectacle !

Les deux combattants ont fini par se mettre à l'eau tout en se pourchassant et par arriver à 4 mètres seulement de mon affût. J'étais aux premières loges et je voyais bien le plus gros des deux qui montait sur l'autre pour le mordre et lui donner des coups de défenses. Heureusement pour moi, les sangliers ayant une mauvaise vue, ils n'ont pas pris l'affût pour un danger et l'ont ignoré complètement. En revanche, je retenais ma respiration car ils ont l'ouïe très développée (les oreilles des sangliers sont d'ailleurs appelées les écoutes). Comme j'utilise une housse

Un des deux combattants devant la roselière - J. Bouet

anti-bruit autour de mon appareil photo pour masquer les déclenchements, j'ai pu réaliser une belle série de photos dont des portraits très serrés ainsi que des scènes du combat, sans jamais éveiller de soupçon sur ma présence et cela durant une bonne demi-heure.

En les voyant partir je me suis senti privilégié d'avoir pu assister à cette scène de vie animale. Être spectateur sans causer de dérangement est une expérience qui m'apporte beaucoup de plaisir et de connaissances sur les animaux que je photographie. C'est d'ailleurs pour cela que je pratique le plus souvent possible cette technique d'affût flottant et cela toute l'année. J'ai vécu là une expérience d'une intense émotion.

27

Francis Mercier

Un renard en pleine dégustation

à l'heure du déjeuner

Je me souviens très bien que c'était le 3 mai 2021, pile à l'heure du déjeuner. Je venais de passer la matinée au bord d'un des étangs Foucault, dans la Brenne, pour photographier des passereaux, des échassiers et des martins pêcheurs.

Un ami m'accompagnait et nous repartions pour aller déjeuner. Comme nous avions un peu d'avance sur l'heure du restaurant, nous avions décidé de passer faire un tour au grand observatoire, afin de voir si quelques espèces d'oiseaux étaient présentes depuis ce poste d'observation.

Dans l'observatoire, tout était calme. Un photographe, situé tout au bout de la pièce scrutait les environs en silence. Mais au bout de quelques instants, nous l'avons entendu photographier l'extérieur en rafales incessantes. J'ai donc changé d'emplacement et par la fenêtre, j'ai aperçu à environ une quinzaine de mètres, en contrebas dans les grandes herbes, un renard bien occupé à déguster la carcasse d'un énorme ragondin.

Le goupil était un beau renard adulte, apparemment bien portant. L'observation n'était pas évidente, j'avais très peu de champ pour le photographier, mais j'étais tellement heureux de voir cette scène que je ne m'occupais pas trop du résultat des photos. Je mitraillai tant que je pouvais le voir !

L'animal était en pleine dégustation et montrait des signes évidents d'un grand plaisir à manger le ragondin qu'il essayait toutefois de déplacer mais dont la carcasse était bien trop lourde pour lui. Il se léchait constamment les babines et montrait les crocs aussi. Peut-être qu'il voulait dissuader un éventuel concurrent de lui voler sa trouvaille. La vie n'est pas toujours facile pour un renard.

Pour moi, seul le plaisir de le voir manger m'animait et je pensais aussi à l'utilité de cet animal qui nettoie la nature et élimine les campagnols qui attaquent les cultures et sont souvent porteurs de tiques qui transmettent des maladies aux humains aussi.

Même sans cela, un renard est un très bel animal par nature et il faut le voir jouer ou muloter en effectuant des sauts avec piqué sur ses petites proies. C'est très gracieux.

Goupil dégustant un morceau de carcasse - F. Mercier

J'expliquai alors à mon ami qu'on estime que 600 000 à 1 million de renards sont tués chaque année dans le cadre de la chasse récréative, soit par tirs en battues ou par déterrages, une méthode bien ignoble, alors que ceci est totalement inutile puisque leur nombre ne décroît pas.

En effet, le renard est un animal dont la population se régule automatiquement tous les ans en fonction de leur nombre sur les territoires et des années plus ou moins prospères pour se nourrir. S'il y a beaucoup à manger, il y a beaucoup de renards. Si la nourriture manque, les femelles donnent naissance à moins de renardeaux. C'est bien la preuve que les humains n'ont pas besoin de les « réguler ».

En repensant au plaisir que m'avait procuré la vue de ce beau renard, j'ai eu un pincement au coeur en me disant qu'il est bien dommage que d'autres voient en cet animal un « nuisible » pour qui le « plaisir » consiste à l'abattre.

Marilyne Chaintron

Émotion soleil levant

Un dimanche matin d'automne, je pars tôt en balade photographique avec l'idée d'aller flâner en bord de Loire pour photographier le lever de soleil et pourquoi pas y trouver de jolies brumes comme je les aime.

Il fait légèrement frais, le soleil se lève doucement et quelques rares brumes avec lui. La rosée perle sur la végétation et une belle lumière vient progressivement réchauffer l'atmosphère. Je profite de ce moment pour m'asseoir avec mon appareil photo et savoure l'instant présent : les oiseaux se réveillent, la Loire est belle et dorée, le calme règne autour de moi.

D'un coup je m'aperçois que nous sommes deux à regarder le soleil se lever. Un martin pêcheur s'est posé à ma droite sur une branche qui surplombe la Loire. Habituée à voir la flèche bleue ne rester que quelques secondes en place, je pointe l'appareil photo vers lui sans grande illusion en me disant qu'il aura filé avant même que je puisse capturer son joli profil.

Au lieu de cela, Martin fait comme moi, il profite du soleil levant pour se réchauffer. J'immortalise alors cet

instant magique en me disant que finalement c'est
encore mieux de regarder à deux le soleil se lever.

Ce moment m'a profondément marquée car j'ai eu le
sentiment de vivre en communion avec la nature et en
particulier avec ce petit être que j'ai cru voir traversé
lui-aussi par une émotion. S'émerveiller à l'unisson...
Je suis repartie heureuse d'avoir vécu ce moment de
partage avec lui.

Martin pêcheur au lever du jour - Marilyne Chaintron

Jean-Claude Carrougeaux

La Lune, le cerf, émoi…

Le brame du cerf - JC Carrougeaux

'étang de Malzoné est un espace naturel proche de Millançay que j'aime beaucoup. En ce mois d'octobre, nous étions partis de nuit, un ami et moi, à la recherche de cerfs dont le brame venait de commencer. La Lune était pleine, le sous-bois sentait fort l'urine du grand cervidé et les brames puissants de plusieurs mâles couvraient tous les autres bruits de la forêt. C'était certain, nous allions tomber très bientôt sur l'un d'entre eux.

Nous avancions au bord de l'étang, chargés de nos appareils, objectifs et trépieds. Malgré la charge, je savourais la chance de me trouver dans un lieu que je connaissais bien, et qui, à 4h du matin et sous la douce lumière de la Lune, avait quelque chose de magique. Soudain, mon ami me dit « Regarde le cerf, dans l'eau ! ». Je tourne la tête et vois un cerf à une trentaine de mètres de nous, dans l'eau jusqu'au ventre, trop absorbé par ses appels répétés aux biches pour noter notre présence.

La Lune était idéalement située et l'éclairait parfaitement. S'il venait à changer de position, nous ne pourrions plus le photographier. Branle-bas de combat. Nous sortons nos appareils ; j'installe mon trépied aussi vite que possible. Mon ami prend ses photos. De mon côté, j'avais choisi un objectif de 900 millimètres qui referme l'angle de façon assez importante et je n'arrivais pas à voir le cerf dans mon viseur. À l'oeil nu, je le voyais bien, dans le viseur, rien du tout. Plus je mettais du temps à le trouver, plus le risque de le voir partir était grand, ce qui accroissait mon stress. Mince, 25 ans de photographie animalière et pas moyen de visualiser ce fichu cerf ! À cet instant j'entends la voix de mon ami qui me dit : « Jean-Claude, tu n'as pas retiré le cache de l'objectif... »

Antoine Nivet

Un butor étoilé qui joue l'Arlésienne

Si des mots peuvent témoigner des qualités que doivent avoir les photographes, alors « patience » et « détermination » illustrent parfaitement cette rencontre avec un butor étoilé qui s'est fait attendre longtemps, très longtemps...

Cet oiseau mythique est presque un Graal pour les photographes animaliers car il est très peu visible et sait se confondre avec son milieu naturel de vie : la roselière. Ce héron au cou raccourci s'immobilise, la tête tendue vers le ciel, lorsqu'il se sent en danger, se fondant ainsi dans les roseaux. Seul celui qui connaît le chant monocorde du mâle, similaire à une note basse de violoncelle, sait qu'un individu est dans les parages mais le plus souvent sans réussir à l'apercevoir.

Ainsi, lorsqu'en octobre 2022, l'information circule parmi mes amis photographes qu'un butor se montre devant des objectifs en Brenne, l'effervescence monte tout d'un coup et tout le monde veut aller le photographier. Sachant que certains photographes n'ont jamais eu l'occasion ne serait-ce de le voir en dix, vingt ou trente ans de photographie, je me dis que c'est sans doute mon unique chance d'en voir un cette fois-ci.

Un ami venu d'Angers m'envoie un message le vendredi après midi pour me dire que le butor est là, qu'il « fait la fête » en se baladant face à l'observatoire, en allant de gauche à droite, de droite à gauche, sur un tronc d'arbre connu de tous ceux qui pratiquent l'observatoire. Un butor fanfaron ? Le samedi matin, ni une ni deux, je me lève alors qu'il fait encore nuit et me rends sur les lieux très tôt.

Installé devant une fenêtre de l'observatoire, j'attends patiemment, longtemps, très longtemps. Le temps passe et toujours pas de butor. Je regarde ma montre. Je dois rentrer à mon domicile qui se trouve à 40 min de là. Mais je repousse l'instant de partir, en me disant que c'est au moment où je vais quitter les lieux qu'il va décider à se montrer. Cela m'était arrivé quelques mois auparavant, quand j'avais décidé de quitter les lieux et qu'arrivé sur le parking, une amie photographe m'avait appelé pour me dire que le butor était apparu dans les roseaux. Cette fois-ci, je décide d'attendre plus longtemps, en vain. Je repars sans image dans la boîte.

Les jours passent, les amis photographes vont à l'observatoire. Le butor est présent quasiment toute la semaine. Bien déterminé à le voir, je retourne en Brenne le samedi suivant, en arrivant tôt. J'attends.
Sur ma montre, les aiguilles tournent et toujours pas de butor. Je repars bredouille comme la première fois.

La semaine passe sans qu'il ne soit vu. Tout le monde se dit, c'est fini. La fenêtre ouverte que l'on avait pour le voir s'est refermée. Mais le vendredi de la troisième semaine, je reçois un SMS me disant qu'il a été aperçu. Dans ma tête, c'est ma dernière chance de le voir. Alors que je n'avais pas prévu de me rendre en Brenne, le samedi, je change mon planning. Je me lève très tôt. J'arrive avant le lever du soleil à l'observatoire. Je veux une place précise, afin d'avoir (je l'espère) le meilleur angle de prise de vue. Mes amis venus de Salbris me rejoignent, suivis par d'autres. Nous sommes une dizaine de photographes alignés, utilisant toutes les fenêtres disponibles de l'observatoire. Et on attend.

8h, pas de mouvement.

9h, pas de mouvement

10h, pas de mouvement. On s'interroge. On discute. On échange.

11h10, alors que nous n'attendions plus rien, de notre droite surgit au-dessus de l'étang notre Graal !

Celui que j'avais attendu toutes ces semaines.

L'émotion est palpable. Les sourires sont béats. Chacun agrippe son appareil. Clic clic clic clic clic, seuls les bruits des prises de vue se font entendre. Nous sommes tous très excités. Le butor se pose face à nous. Clic clic clic clic, on continue. Tranquillement, il marche le long de la roselière, en nous tournant le dos et en s'éloignant. Ce n'est pas grave. Face à la rareté, on shoote. Au moins, on aura quelques photos. Soudain, l'oiseau fait demi-tour et revient sur ses pas. Il nous fait face ! Alors, ce ne sont plus des clic clic clic que l'on entend mais plutôt des ta-ta-ta-ta-ta-ta. Des rafales de mitraillettes. Entre deux rafales, on se jette un regard entre photographes. On est trop content !

Le butor entre alors dans un chenal entre deux roselières. Il est caché par les roseaux. On attend qu'il ressorte. Mon voisin de gauche envoie un message à sa femme pour lui dire son bonheur de l'avoir vu. À ce moment, je m'écris : il s'envole ! J'ai la chance de le prendre en photo en vol, au dessus de la roselière. Mon voisin n'a pas cette chance, occupé à envoyer son SMS.

La scène a duré 22 minutes. 22 minutes intenses après des semaines et des heures d'attente. Nous avons pris 500 photos, avant qu'une aigrette vienne embêter notre ami et le fasse partir. Mais notre quête a abouti. Alors nous remballons nos appareils et on libère la place.

Je me souviendrai longtemps de ce moment intense, tant attendu. Moment que je ne reverrai peut être plus jamais ou tout du moins pas tout de suite. Je me souviendrai aussi de ces rafales photographiques telles des rafales de mitraillettes, à la différence près que nous ne cherchions pas à tuer cet animal, mais au contraire, à l'immortaliser.

Butor étoilé - Toine Tevin

Philippe Barbier

Face à face et frousse en serpentant

dans les herbes hautes

En vacances en Grèce, un ami me conseille de remonter vers le nord du pays et de visiter le lac Prespa, situé à la frontière avec l'Albanie et la Macédoine du Nord. La faune et la flore sont d'après lui à ne pas manquer. Fort de ses conseils, je décide d'y aller voir. Je découvre en effet un paysage magique sous un soleil torride. Quelles belles photos en perspective !

Impatient de découvrir la beauté du lieu, je pars faire une grande randonnée le long du lac. Je repère toutes sortes d'animaux : des pélicans frisés, des oies, des hérons, mais très peu d'insectes qui sont mon sujet photographique de prédilection. Devant ce constat, je décide de revenir le lendemain matin aux aurores. Je trouverai sûrement des libellules moins farouches qui se feront sécher les ailes au soleil levant.

Au petit matin, équipé de mon boitier et d'un objectif macro, je pars en chasse. Enthousiasmé, je réalise pas mal de clichés de différentes araignées, de diptères et d'autres mouches. Enfin, j'avise une superbe libellule, mais lorsque je m'approche, elle me nargue. À peine posée sur une fleur, elle reste une seconde ou deux puis repart. J'observe son manège. Pour me faire plus discret, je me couche dans les grandes herbes et je l'attends. Voyant qu'elle va se poser à cinq ou six mètres de moi, je me mets à ramper doucement dans la végétation, l'œil collé au viseur pour saisir le bon moment avec la bonne lumière. J'espère ainsi réaliser la photo de mes vacances…

Alors que je ne m'y attendais pas du tout, au bout de mon objectif macro apparaît soudain un serpent ! Je reconnais plus précisément une couleuvre à collier car elle prend tout mon viseur, me faisant voir une tête énorme qui se relève pour savoir qui est cet animal rampant inconnu dans son environnement.

La couleuvre à collier vit dans les milieux aquatiques et humides, le long des rives des lacs, des rivières et des étangs. Elle se nourrit de grenouilles et de crapauds, de poissons et parfois de mulots et de lézards s'ils se trouvent sur son passage. Heureusement, elle n'est pas venimeuse, mais, décontenancé par ce nez à nez impromptu, je déclenche l'obturateur à la volée, comme un automate surexcité, sans savoir exactement ce qui en ressortirait. Je photographie l'animal qui se redresse, se contorsionne pour sentir, découvrir et très certainement évaluer le danger

Couleuvre à collier - P. Barbier

encouru.

Consciente que cette situation est anormale, la couleuvre finit par se faufiler rapidement vers le lac et moi, je déguerpis à la vitesse grand V sans demander mon reste. Quelle frousse nous avons eue ! Mais quelle belle opportunité ! Jamais je n'oublierai ses couleurs, le détail de sa tête et son regard insistant. Je n'aurai jamais cru non plus tirer le portrait d'une couleuvre à collier avec un objectif 100 macro…

Cette expérience a été extraordinaire à bien des égards et la prise spectaculaire - la peur aussi, soyons franc !

Jean-Luc Boileau

Savoir saisir sa chance

Chaque printemps, j'ai hâte de retrouver le couple d'hirondelles de retour du continent africain qui niche dans une de mes dépendances. C'est leur cri qui m'indique qu'elles sont arrivées. Une première hirondelle se présente aux environs du 1er avril, se pose sur la gouttière d'un bâtiment et appelle sa « moitié » qui n'arrive pas forcément tout de suite.

Lorsque le couple s'est reformé, les oiseaux se mettent au travail et rehaussent le plus souvent un nid parmi ceux de l'année précédente. J'installe mon matériel quand je suis certain qu'elles ont choisi un nid en particulier et de façon définitive. Cela ne les perturbe que très peu car je m'y rends lorsqu'elles sont à l'extérieur.

La femelle ne tarde pas à y déposer jour après jour cinq oeufs blancs constellés de petits points marrons. Je sais qu'elle pond car elle reste plus longtemps au nid mais dès qu'elle sort pour se nourrir, je vérifie si la ponte a bien commencé à l'aide d'un miroir. Je sais par expérience qu'ensuite, il y aura un oeuf par jour jusqu'à cinq. La couvaison commence immédiatement après la ponte du dernier oeuf.

Deux semaines plus tard, l'agitation des parents autour du nid signale que les oeufs éclosent l'un après l'autre. Si les oisillons font peu de bruit les premiers jours, ils ne tardent pas à montrer de la vigueur et rapidement leurs becs jaunes apparaissent sur le bord du nid pour quémander quelque nourriture. Perché sur mon escabeau, et caché par un rideau, je les observe et les photographie. Les hirondeaux, enhardis par une croissance rapide, obligent leurs parents à accélérer la cadence de nourrissage. Par un cri typique d'un parent, les oisillons bondissent au bord du nid, le bec grand ouvert.

C'est lors de ces allers-retours très rapprochés des nourrisseurs que j'ai constaté que la nourriture apportée débordait largement du bec avant de se loger au fond du gosier des hirondeaux.

Pendant cette période de vive agitation, je ne manquais pas de saisir la scène en réalisant de multiples clichés.

À un instant, je vis virevolter près des têtes des oisillons quelque chose que je ne pouvais décrire. Ce fut en regardant les photos prises que je vis qu'il s'agissait d'agrions* que les parents amenaient et, comme le montre le cliché, que l'un d'eux, ne pouvant être avalé, avait pu échapper à une funeste fin en s'envolant !

Ce fut l'unique fois où je vis que tout était bon pour assurer la nourriture de cette nombreuse famille et surtout, que l'instinct de survie habite même les plus frêles et légères créatures...

* petite libellule

Hirondeaux et agrion en fuite - JL Boileau

Philippe Debré

Deux amitiés par oiseaux interposés

La photographie nature permet de faire des rencontres insolites avec des animaux. Elle permet aussi de croiser de remarquables « spécimens » humains qui deviennent parfois des amis comme on en compte peu dans toute une vie. J'ai eu cette chance. Le premier, Michel, je l'ai croisé à l'étang de Malzoné, dans la réserve naturelle sensible de Millançay (41). Notre rencontre a eu lieu le 8 juin 2019.

Nous étions tous les deux dans l'observatoire du Souchet et nous devions faire plus d'un kilomètre et demi pour rejoindre nos voitures. En chemin, Michel m'a proposé de photographier un pic épeiche juvénile.

Les photographes sont en général des personnes sympathiques, mais il n'est pas si courant qu'ils dévoilent les endroits où l'on peut réaliser des clichés rares. Pourtant, Michel l'a fait spontanément en m'expliquant qu'il avait découvert le nid par des cris incessants du juvénile qui réclamait la becquée. Restant hors de la vision des oiseaux pour ne pas les déranger, j'ai pu faire plusieurs clichés du jeune pic épeiche qui s'approchait de l'entrée de sa loge. Cette photo a même été primée lors d'un concours photos organisé par la mairie d'Argent sur Sauldre (18) sur le thème « la nature s'éveille ».

Depuis ce jour, Michel est devenu un fidèle camarade de sorties photographiques. Nous avons, entre autres, partagé des journées de rencontres avec le butor étoilé en région parisienne et surtout vécu une journée incroyable le 12 juin 2022, en croisant en quelques heures un crabier chevelu, un blongios nain et un butor étoilé ! Ce dernier est si rare à voir qu'on le surnomme le fantôme des marais ! Incroyables moments immortalisés par de nombreuses photos.

Pic épeiche juvénil - P. Debré

Tichodrome échelette - P. Debré

La deuxième rencontre humaine marquante de ces premières années de photographie de nature a eu lieu le 23 janvier 2021, à Orléans (45).

Michel m'avait informé qu'un tichodrome échelette était arrivé sur les bords de la Loire au niveau de la cathédrale. Ce magnifique oiseau aussi appelé « oiseau papillon » est très rare. Il niche le plus souvent dans des gorges, des falaises et des parois escarpées en montagne entre 400 et 2500 mètres d'altitude. En hiver, il peut être observé à des altitudes plus faibles sur de vieux édifices ou des rochers dans les plaines.

Je m'étais organisé pour essayer de l'observer et de le photographier sur un seul après-midi. Arrivé sur le site, j'ai tout de suite compris qu'il était présent. De nombreux photographes étaient déjà postés sur le muret au bord de la Loire. J'ai garé ma voiture au parking et j'ai pris rapidement mon matériel sans le vérifier pour rejoindre les collègues. Le tichodrome échelette était bien là, déambulant de pierre en pierre pour se nourrir d'insectes.

Je me suis frayé une place parmi tous les photographes et je commençais à le shooter quand je me suis aperçu que je n'avais plus de batterie ! Navré de mon manque de préparation, je me suis mis à pester contre moi, vraiment déçu de ne pouvoir profiter de la présence unique dans la région de l'oiseau.

En m'entendant, le photographe situé à mes côtés s'est retourné. Voyant que j'avais le même appareil que lui, il m'a spontanément proposé une de ses batteries de rechange pour éviter que je ne retourne à ma voiture et risque de louper un moment avec le tichodrome. À plusieurs reprises, j'ai de nouveau croisé ce photographe du nom de Jean-Claude, qui m'avait donné naturellement un vrai coup de main. Depuis, nous organisons aussi des sorties ensemble et Jean-Claude a exposé ses photos dès le premier Festival Sologne Nature Image que nous avons organisé en septembre 2021, à Salbris (41).

Deux solides amitiés associées à deux oiseaux, voilà d'autres belles rencontres que la photo nature nous réserve parfois.

Jean Bisson

Quand un seul regard vous touche

2020, nous sommes frappés par la pandémie du « Covid 19 ». Les déplacements deviennent très limités afin d'endiguer ce virus tueur. De ce fait la photographie manque d'espace elle aussi. Et pourtant, c'est précisément dans ces circonstances que je vais découvrir dans mon environnement proche un nouveau sujet photographique.

Dans une partie bien éclairée de ma véranda, mes yeux se fixent sur une petite araignée qui vient de sauter à mon approche. Curieux, je la regarde au plus près et je découvre qu'elle m'observe également ! Contrairement à d'autres espèces d'araignées, celle-ci possède deux yeux avant plus gros que les six autres qui lui donnent un regard expressif et dégagent une confiance et de la sympathie. Je suis séduit.

Notre rencontre - car on peut vraiment parler d'un échange de regards - deviendra le début d'une recherche sur ces petites araignée dites « Salticides » ou araignées sauteuses. J'apprends ainsi qu'elles disposent sur la tête de huit yeux répartis sur 360°, ce qui leur donne une vue exceptionnelle sur leur entourage mais aussi cette expression si touchante. Malgré sa petite taille (de 4 à 8 mm, suivant l'espèce),

Araignée salticide - J. Bisson

l'araignée salticide est très utile dans nos maisons et dans nos jardins car elle se nourrit de petites mouches et de pucerons. Par ailleurs, elle est complètement inoffensive pour les humains et ne construit pas de toile.

Depuis cette belle rencontre, d'autres recherches m'ont permis de trouver de nouveaux sujets à photographier, de découvrir un autre monde, celui de la macro, et d'exploiter de nouveaux regards. Je peux dire aujourd'hui que ce petit être m'a ouvert les yeux !

Karine Bernardoux

Coup de foudre au soleil

Agapanthie de l'asphodèle - K. Bernardoux

C'est un coup de foudre comme il en existe parfois, brutal, inexpliqué et durable en ce qui me concerne.

J'étais partie dans l'Hérault faire des photos sans avoir un sujet spécifique en tête. Je découvrais un nouvel endroit grâce à un ami photographe. Nous étions au mois d'avril. Il faisait chaud et le soleil brillait de mille feux ! Nous marchions à travers la végétation sur une terre un peu orangée, ocre, un site et une ambiance qui se prêtaient à faire de très belles photos.

Mon ami me dit « Tiens, on va voir s'il y a des insectes intéressants ». Nous scrutons alors dans les asphodèles, ces plantes qui dressent au printemps leurs grandes tiges florales couvertes de fleurs blanches étoilées qui attirent les insectes, car très mellifères. Et là, bingo ! Nous découvrons une agapanthie de l'asphodèle, ce très joli coléoptère des prairies d'Europe méridionale et d'Europe centrale aux magnifiques antennes pour lequel j'ai un coup de foudre immédiat.

Son corps ressemble à du velours chatoyant ; ses
élytres sont brillants ; ses antennes, plus longues que
son corps, alternent le rosâtre et le noir pour un
jeu graphique particulièrement harmonieux.

J'ai passé toute la matinée à photographier ce
longicorne très placide, à le regarder accomplir sa
tâche de pollinisateur infatigable depuis plus de 60
millions d'années. Je l'observe toujours, plus d'une
décennie après. Le coup de foudre s'est révélé
durable. J'avoue, j'en suis folle.

Yvon-Henry Houzier

Rencontre avec une Vénus

Nous étions en juin sur le Causse Méjean, un vaste plateau calcaire entouré des profondes Gorges du Tarn et Gorges de la Jonte, 33 000 hectares d'une vaste steppe à l'infini, légèrement ondulée. J'étais sorti le matin de bonne heure ou en fin de soirée car les lumières sont plus belles à ces heures.

Mon objectif était de photographier des fleurs et des insectes. Après de longues recherches d'un sujet original à immortaliser, la chance m'a souri. Je venais d'apercevoir la fleur d'orchidée parmi les plus grandes d'Europe, le sabot de Vénus, qui est aussi une espèce rare et menacée. C'est sa rareté qui a attiré mon attention car elle était unique entre les plantes du vaste territoire que j'avais parcouru.

En l'observant de plus près, j'ai pu admirer sa beauté, sa finesse. Son labelle, qui est un pétale inférieur, s'est transformé au cours des siècles pour prendre la forme d'un sabot dans lequel les insectes vont puiser le nectar pour se nourrir. Au passage, ils chargent leur dos du pollen de l'étamine qui sera apporté à une autre fleur de la même espèce pour la féconder. Il faut

Sabot de Vénus - Y-H Houzier

savoir qu'en plus d'être extrêmement rare, le sabot de Vénus est la seule orchidée de France à disposer de deux étamines fertiles quand toutes les autres n'en ont qu'une.

Cette rencontre m'a procuré beaucoup de bonheur, car les recherches ont été longues. J'ai ressenti aussi de la fierté d'avoir été persévérant. De retour chez moi, j'ai pris conscience d'avoir été privilégié en faisant une si belle rencontre avec une espèce rare et menacée, d'une très grande beauté. C'est un souvenir qui restera gravé dans ma mémoire et j'espère avoir la chance de faire de futures rencontres tout aussi remarquables.

Karin Caporal

Rêve de gosse

Petite, j'avais un livre où un macareux était dessiné. Sa forme qui ne ressemble pas du tout à celle des oiseaux de nos contrées, son petit air de pingouin qui vole, son corps noir et blanc telle une livrée de majordome anglais et son bec si curieux et coloré avaient piqué ma curiosité. En feuilletant le livre, Il m'était aussi difficile d'imaginer sa taille. Était-il de la taille d'un Manchot Empereur ou plutôt de celle d'un pingouin ? Je regardais à la télévision tous les documentaires du Commandant Cousteau et ma curiosité n'était jamais assouvie, car il restait rare autant dans les livres qu'au petit écran. Sa silhouette et sa démarche dandinante n'ont cessé de me fasciner. Je me suis dit qu'un jour je devais le rencontrer.

Le macareux est devenu le logo de la LPO. J'habitais loin de la Bretagne et enfant, ce n'était pas la destination de nos vacances. Ce n'est que bien longtemps plus tard, que j'ai pu réaliser ce rêve d'enfant.

Le net est une mine d'or pour se documenter. En France la seule zone où ce petit alcidé est encore présent est proche de Perros Guirec, la zone des Sept-

Îles. Mais seules sont autorisées des promenades en bateau… Moins de 200 couples viennent se reproduire chaque année de mai à juillet avant de repartir en mer où ils passent la majeure partie de l'année.

Je ne voulais pas partir trop loin alors j'ai poursuivi les recherches. J'ai trouvé une petite île dans le canal Saint-Georges qui sépare le Pays de Galles de l'Irlande où ils viennent se reproduire chaque année.

Skokholm Island est une petite île sur la côte sud-ouest du Pembrokeshire au large du village de Marloes. Elle est la propriété du Wildlife Trust of South and West Wales qui est le centre de protection local de cette réserve naturelle nationale et marine. 4 km² entourés de hautes falaises battues par les vents qui tombent à pic dans la mer celtique.

Pour y séjourner il faut prendre un petit bateau à Martin's Haven, venir avec de quoi dormir et manger, car seules quelques chambres sont disponibles. L'électricité provient de panneaux solaires et l'eau du puits de l'ancienne ferme rénovée. Seules 20 personnes sont présentes sur l'île durant le printemps et l'été, période la plus propice pour voir et étudier les oiseaux pélagiques.

Macareux à la fleur - K. Caporal

C'est donc avec armes, matériel photo et bagages que j'ai débarqué sur Skokholm en juin 2019. Une semaine en autonomie sur ce minuscule caillou, un rêve !!!

Le macareux est un oiseau peu farouche, car il passe la majeure partie de l'année en mer (près de 9 mois) et ne revient sur terre que pour se reproduire et seulement là où il est né. Ils arrivent un à un de l'Atlantique nord et chaque couple se reconstitue d'une année sur l'autre. Les macareux sont fidèles même si chacun vit de son côté le reste de l'année. Ils retrouvent leur terrier qu'ils réaménagent pour leur future nichée. Un œuf unique sera pondu dans le trou qui aura été tapissé d'herbes, de plantes et de fleurs.

Assise non loin du bord de la falaise, je les observe, fascinée par cette attente depuis tant d'années, les voir enfin, quelle magie ! Ils marchent en se dandinant dans leur costume de cérémonie rehaussé de leur bec coloré et voyant. Pas de dimorphisme entre mâle et femelle. Ils ont tous la même dégaine, corps ovale comme un ballon de rugby bicolore où s'accrochent 2 petites ailes trapues qui battent la chamade en vol. Ils semblent plus adaptés à la vie en mer que sur terre.

Ils ratent pratiquement chaque atterrissage et roulent sur le sol herbeux, ils sont drôles et attachants. Chaque retour est périlleux avec leurs becs pleins de lançons, ces petits poissons dont ils se nourrissent, car outre l'atterrissage, il y a les goélands qui guettent une pêche facile et fondent sur les petits macareux pour leur chiper leur butin.

Quels merveilleux moments quand certains approchent si près qu'ils s'en prennent à vos lacets pour les rapporter au nid ou tirent avec leur bec vos bas de pantalon ! À d'autres moments, ils s'approchent, fleur au bec, pour l'apporter à leur compagne restée à couvert. De temps en temps ils croisent leur bec rouge et jaune pour se saluer. Un autre creuse comme un terrassier pour réaménager son nid, on ne voit que ses pattes qui s'agitent et bientôt il ressort, ocre de terre. Ils décollent en courant vers le bord de la falaise et s'envolent en agitant rapidement leurs courtes ailes pour partir pêcher. Leur ventre blanc les rend invisibles du sol, mais proche de l'eau, leur dos noir les dissimule à la vue des prédateurs ailés.

Le soir au couchant, les silhouettes des pingouins torda et les guillemots se confondent avec les falaises au pied desquelles se reposent les phoques. Les fulmars, les cormorans et les goélands rentrent se poser, l'huitrier et le crave à bec rouge sont déjà au nid, les nombreux lapins sont couchés. Encore quelques vols pour une dernière pêche et tout le monde rentre au bercail. La nuit sortent les papillons et c'est le moment où les océanites tempêtes et les puffins des Anglais prennent leur envol.

La semaine est passée trop rapidement, mais j'ai enfin pu voir cette idole de mon enfance dont la petite taille m'a surprise, car je le croyais tellement plus grand comme dans mes rêves. Je suis rentrée encore plus fan de cet oiseau comique et captivant, mais si menacé de disparition.

Le changement climatique affecte ses aires de nourrissage qui ne correspondent plus à ses aires de reproduction, la baisse importante des poissons due à la surpêche, le réchauffement des mers, la chasse… que de soucis pour la survie de ce petit clown de l'Atlantique nord.

Bernard Lorain

Pulsations cardiaques au maximum

Lors d'un safari photo à Amboseli, au Kenya près de la frontière tanzanienne, avec mes acolytes, nous avons eu l'opportunité de croiser la route d'un grand tusker nommé Craig.

Les tuskers, nom kenyan, sont des éléphants mâles autour de la cinquantaine ce qui est près de la limite de vie à l'état sauvage pour ces animaux.

Craig pesait à ce moment pas loin de 6 tonnes pour 4,5 mètres de haut. Il a la particularité d'être très calme et c'est le seul animal sauvage que j'ai pu approcher à moins de trois mètres en dehors du véhicule. Quand je dis approcher, en réalité c'est lui qui est venu vers nous. Nous étions quatre le long du véhicule et il était à une quarantaine de mètres de nous. Il s'est approché lentement sans aucun bruit, ce qui est remarquable chez les éléphants, et s'est arrêté pour nous observer à moins de trois mètres. La curiosité semble avoir motivé ce comportement de l'animal qui vit non loin d'un village massaï.

Dans ce cas les pulsations cardiaques sont à un niveau exceptionnel dues à une forte décharge d'adrénaline.

Craig, tusker du Kenya - B. Lorain

Après quelques instants, il est reparti en effectuant un quart de tour, nous laissant ravis de ce contact.

Pour information, ses défenses mesurent 1,7 mètre et pèsent 120 kilos chacune.

C'est avec la rencontre de mon premier lion, le souvenir le plus marquant de mes voyages au Kenya.

Patrick Rivière

Féline tendresse

Une quinzaine de jour après le Festival Images Nature de Salbris 2023, ma femme Karine et moi sommes partis au Kenya pour notre premier safari ! Dix jours de découvertes et de rencontres.

Depuis un an, nous nous préparions en découvrant par les réseaux sociaux la faune, la flore et les autres occupants du Massaï Mara, la réserve où nous devions aller. Dès le lendemain matin de notre arrivée, nous avons rencontré pour la première fois Dada, ou plus exactement ses deux lionceaux, un petit mâle et une petite femelle, cachés dans un buisson des prédateurs de la savane africaine par leur mère.

Vous avez deviné Dada est une lionne et pas n'importe quelle lionne, elle fait partie de la *Marsh Pride*, un groupe composé de plusieurs lionnes adultes et de jeunes lionnes et lions qui restent dans le groupe jusqu'à leur maturité sexuelle entre 3 et 5 ans. Le groupe était protégé par Half-tail (« Demi-queue »), un lion devant son nom à l'ablation de son appendice.

La première véritable rencontre avec Dada s'est faite l'après-midi. L'excitation était à son comble parmi les participants au safari ! Avec sa troupe, elle avait chassé un phacochère et passa devant nous, la patte de celui-ci dans sa gueule. Nous découvrions aussi une blessure sur son flanc droit, une plaie béante certainement occasionnée par un coup de lance donné par un gardien d'un troupeau de bovins Massaï. Nous avons passé une grosse demi-heure avec le groupe festoyant, sous la surveillance intéressée d'un chacal et d'une hyène… Nous sommes rentrés au camp avec des images plein la tête et les cartes de nos appareils photo remplies.

Le samedi matin, il est sept heures, la savane s'éveille ! Nous retrouvons Dada et la *Marsh Pride* au complet dévorant un buffle, fruit de la chasse de la nuit. Cet instant restera marqué dans notre mémoire, car il a été plein de rebondissements : d'abord Half-Tail, dans toute sa splendeur, dégustant le buffle tandis que les deux lionceaux jouaient ensemble sous la surveillance de leur mère toujours blessée et affaiblie. Ils gambadaient autour de notre voiture grognant et faisant un peu n'importe quoi puis voulant jouer avec la queue de leur père (du moins ce qu'il en restait !) qui les chassa en rugissant. Dada, attentive, les voit

Dada et un de ses petits - P. Rivière

ensuite s'éloigner, un peu trop loin à son gout. Elle grogne et se rapproche d'eux. Nos yeux ne peuvent se détacher de la scène et David, notre guide, nous demande de nous tenir

prêts à photographier car un évènement se prépare !

Malgré son âge et son poids, Dada prend dans sa gueule le plus grognon des deux lionceaux pour le ramener en sécurité dans le groupe. En fait, sa blessure la gêne et elle dépose délicatement son lionceau à quelques dizaines de mètres de nous, avec l'autre petit à ses côtés. Les appareils crépitent et les yeux sont humides devant ce moment attendrissant ! Nous assistons à un moment que l'on n'imaginait pas : une mère et ses enfants nous montrant à nous, humains, que nous n'avions pas l'exclusivité de la tendresse. Les cris des *cubs**, les regards de ce petit entre les pattes de sa mère, lui disant dans son langage « Maman je t'aime » et nous dans notre voiture, plus un bruit, le silence et le bonheur d'être là ! Nous sommes restés trois heures avec la *Marsh Pride* !

* lionceaux en anglais

Tout au long de notre séjour, nous avons retrouvé Dada et sa troupe presque tous les jours. Pendant celui-ci, Dada a été soignée par les vétérinaires de la réserve car sa blessure commençait à s'infecter et à l'affaiblir. Mais toutes les histoires ne finissent pas forcément bien quand nous avons pris des nouvelles, une fois rentrés...

Nous savons pourtant qu'il s'est passé quelque chose entre ces animaux et nous et cela se voit sur la photo de Dada avec un de ses lionceaux. Cette rencontre nous a marqués, Karine et moi, a un point que je ne pensais pas avant ce safari. C'est pour cela que nous avons mis sur pied une exposition intitulée « Sur les terres de Dada » et que j'ai écrit un livre qui porte le même nom et qui raconte notre séjour dans cette nature sauvage si belle... mais si fragile !

Martine Moreau

Gueule d'amour

Ma passion, ce sont les animaux, sur terre ou dans les airs. Les voir vivre, évoluer en famille, c'est absolument magique et enrichissant. C'est avec une famille de blaireaux que je me suis prise au jeu de suivre les comportements et les habitudes de vie de ces petits ours des forêts.

Ma première rencontre avec un blaireau s'est produite à une vingtaine de kilomètres de chez moi. La nuit tombait et le soleil rasant l'éclairait dans une belle lumière. Je n'en revenais pas, depuis si longtemps que j'espérais une telle rencontre !

Il est sorti du terrier avec hésitation ; je retenais mon souffle, là, le cœur battant car l'animal ne voit pas grand chose mais il a une très bonne oreille et un odorat très développé ! Heureusement, ma présence à seulement quelques petits mètres ne l'inquiétait pas du tout, du fait que j'étais « à bon vent ». Le petit ours des bois est alors sorti complètement du trou, puis un autre et, après un petit temps à faire leur toilette, à se gratouiller le ventre, ils sont partis dans les champs voisins pour se nourrir. Je suis restée quelques minutes encore après leur départ, puis suis repartie, en

Blaireau au soleil couchant - M. Moreau

me promettant de revenir, chose que j'ai faite quelques jours plus tard avec la même joie de les revoir.

Leur bouille attendrissante m'a touchée et j'ai eu depuis plusieurs occasions de les photographier dans leur quotidien, sans les déranger.

Ces instants précieux ont fait que je me suis prise de passion pour cet animal inoffensif, qui mérite toute notre attention. Chaque nouvelle rencontre avec eux me procure la même joie de les revoir.

Aujourd'hui, j'ai la chance de connaître trois lieux de terriers et j'en profite au mieux, soit physiquement sur place, ou via un piège photo, la nuit. Je pense d'ailleurs faire un livre photo avec légendes descriptives sur leurs habitudes de vie pour partager mon émerveillement de les connaître.

David Lapeyronnie

Desert glacé

J'aime les animaux et la nature depuis mon plus jeune âge. Entre les reportages à la télévision, montrant la diversité des animaux, des environnements que notre planète accueille et les moments passés dans la nature, m'y trouver est devenu un point important de ma vie et de mon équilibre. Au fur et à mesure des années à la photographier, j'ai eu la possibilité de découvrir et d'explorer différentes zones encore relativement préservées des activités humaines, en France mais aussi de l'Afrique à l'Arctique.

Tous ces moments passés à observer et à me connecter à la nature sont des moments de plaisir et il est difficile de choisir une seule image pour exprimer cela. Il y a cependant des animaux pour lesquels nous avons une attirance toute particulière. En ce qui me concerne, les félins, les éléphants et les canidés font partie de mes espèces préférées.

Je me souviens particulièrement d'un renard polaire en période de mue de printemps, pris sur l'archipel du Svalbard en mai 2023. Avec la guide, nous avions passé la matinée à rechercher des renards dans les éboulis et les névés. Nous en avions vu la veille avec de jolies prises de vue mais ce jour là, les parois rocheuses autour de Longyearbyen semblaient désespérément vides. C'était ma dernière sortie avant de rentrer en France, et comme lors de chaque sortie photographique, les émotions varient entre l'excitation de la rencontre et l'acceptation que seule la nature décide de ce qui va se passer. La sortie touchait à sa fin, en n'ayant pu observer qu'un lagopède ce matin-là, et je remplissais ma mémoire des paysages de montagnes gelées se jetant dans l'Isfjord. Sur le chemin du retour nous scrutions une dernière fois les pentes rocheuses et enneigées. Une carcasse de renne servait de garde-manger aux renards du coin depuis quelques semaines.

Avec les changements intempestifs de température qui surviennent ces dernières années, il n'est pas rare que de la glace se forme au-dessus d'une couche neigeuse et que les rennes s'y brisent les pattes en descendant les pentes habituellement enneigées. De même, quelques degrés en plus changent considérablement le biotope. Dans les régions polaires, tout est impacté, que ce soit la flore et la faune. Le permafrost dégèle, la

Renard polaire - D. Lapeyronnie

banquise se rétracte, les glaciers fondent, les périodes enneigées diminuent. Les rennes du Svalbard, espèce endémique, commencent à être chassés par les ours blancs affamés, alors que l'apport calorique d'un renne est bien plus faible que celui d'un phoque. C'est tout un écosystème qui se trouve bouleversé…

Tout d'un coup apparaît comme par enchantement un Isatis au milieu de la carcasse ! J'approche en douceur, n'ayant rien pour me cacher sur ces pentes froides. Je veux me positionner pour avoir de la neige en arrière plan et obtenir ainsi un fond totalement blanc. Le renard observe ma montée de temps en temps et, ne percevant pas de danger, continue à arracher les chairs gelées. En me faisant le plus petit possible, je termine mon approche à une bonne vingtaine de mètres, ce que j'estime être la limite de tolérance qu'il m'accorde, notamment à la fréquence de ses regards. Dans ces zones où toute dépense d'énergie est comptée, il faut éviter tout dérangement de la faune.

Je suis maintenant allongé sur la neige, face à lui. Je l'observe s'affairer au milieu des os et de la toison. Sa mue est bien avancée, il a quasiment revêtu sa fourrure estivale. Quelques vestiges de sa fourrure hivernale subsistent encore sur le ventre et la queue. On distingue sur lui des poils de renne accrochés. Il m'accorde de longues minutes, le temps n'a de toute façon plus de réelle notion dans ces moments-là. Je ne ressens pas le froid non plus, occupé à observer au travers de l'objectif mon sujet du jour. Je peux ainsi saisir différentes attitudes et expressions, jusqu'à son départ après avoir satisfait sa faim. Un repas qui semblait avoir comblé notre petit renard… et qui m'a fait sentir en parfaite connexion avec le vivant dans ce désert glacé. »

José Canon

Rencontre avec un AVNI

Je l'ai vu un dimanche, alors que je roulais solitaire sur une route de campagne en revenant de chercher le pain. Un peu ébloui par le soleil déjà haut dans le ciel, au détour d'un virage j'ai aperçu un passager clandestin accroché au pare-brise de mon véhicule. D'abord surpris qu'il soit vivant et non écrasé contre la vitre, j'ai ralenti quelque peu ma vitesse pour le garder en vie, car je voulais en savoir davantage sur cet étrange auto-stoppeur.

Arrivé à mon domicile, je laissai mon fils surveiller le mystérieux voyageur, le temps de chercher mon sac photo. En revenant, moins d'une minute plus tard, ce dernier s'était déjà déplacé sur le toit de la voiture. Au soleil de midi, devant un splendide ciel bleu parfaitement en harmonie avec le bleu de la voiture, pendant plus d'une minute, l'inconnu s'est donné en spectacle et m'a très largement payé de ma course. Un véritable numéro d'acteur studio s'est déroulé devant mon objectif ! Sur le miroir de la carrosserie, se sont déroulés étirements, tractions, fouettements d'antennes, nettoyage en règle des pattes, des mandibules et des yeux... Mais ce n'est qu'en visionnant les images sur grand écran que je pris la

Panorpe - José Canon

mesure de ma rencontre. L'individu n'était ni plus ni moins qu'un personnage de science-fiction, une machine de guerre avec son armure articulée, ses ailes couleur camouflage, son long rostre prêt à déchiqueter et l'abdomen se terminant par un dard identique à la queue du scorpion !

Incrédule, je me suis renseigné auprès des autorités compétentes pour savoir quel était cet Animal Volant Non Identifié. Mon extraterrestre y était parfaitement décrit sous le nom de Panorpe, communément appelé mouche scorpion. Ouf, ce n'était donc pas un *Envahisseur*.

Jean-Pierre Nivet

Belle rencontre pour un partage

Torcol fourmilier - JP Nivet

e retour du printemps avec celui des migrateurs est toujours un moment fort pour un photographe naturaliste.

L'occasion de belles rencontres parmi lesquelles je peux noter celle du torcol fourmilier, un oiseau particulièrement difficile à observer mais aussi à photographier.

En Île de France où je réside, lors de billebaudes courant avril, j'ai pu rencontrer ce magnifique picidé posé sur des colzas en fleurs, redressant la tête en étirant son cou pour scruter l'horizon.

L'émotion bien présente, je me fige afin de profiter de cet instant magique n'osant bouger un bras, une main….. par crainte qu'il parte.

Après quelques minutes passées à nous observer, je décide alors de saisir cet instant en plusieurs clichés.

Ces quelques photos resteront un souvenir de cette belle rencontre mais seront aussi l'occasion à suivre d'un partage avec tous les amoureux de la nature.

Benjamin Saussaye

Subtile connexion

C'était durant le brame du cerf, fin septembre 2021, un soir en forêt. J'étais accompagné de mon ami Florent Laidé, également photographe, avec qui je partage ma passion pour l'animalier. Alors que nous avancions silencieusement, nous découvrons au beau milieu d'une petite prairie un cerf à douze cors, couché dans les hautes herbes.

Nous reconnaissons rapidement l'animal que nous avions l'habitude de suivre depuis plusieurs mois dans ce secteur. Il nous semble fatigué, certainement dû au rut. Durant cette courte période, les cerfs mâles s'épuisent en bramant et en combattant.

Nous essayons de nous rapprocher discrètement en rampant derrière une vieille palissade, tout en respectant une distance raisonnable pour ne pas le déranger et en restant camouflés.

Cette soirée fut un moment particulier, car nous avons pu rester plusieurs heures à l'observer et lui, nous jetant de temps en temps un regard furtif, en tournant sa tête dans notre direction.

Regard tendre du cerf - B. Saussaye

On se doutait qu'il avait senti notre présence, mais cela ne le perturbait pas pour autant. Il se tenait là devant nous, très calme, comme si une connexion étrange s'était établie entre lui et nous.

Cet instant hors du temps restera longtemps dans ma mémoire. C'est cet échange, ce regard, que j'ai voulu mettre en avant dans cette photo en ajoutant volontairement un vignettage noir autour du cerf afin de concentrer notre regard sur le sien !

Jean-Charles Gautier

Les amis du Douanier

Les amis du Douanier - JC Gautier

C'était un matin de brume de novembre 2021 sur la commune de Gennes-Val-de-Loire, à l'entrée d'une boire, bras du fleuve ennoyé en hiver. Je me souviens très bien de cette matinée. Camouflé dans de hautes herbes, j'ai rapidement repéré une forte densité de héronidés, grandes aigrettes et aigrettes garzettes notamment, qui se disputaient ce spot de pêche dans la ripisylve. L'ambiance était presque irréelle. On avait l'impression d'être dans un autre temps. Il y avait de l'enchantement dans l'air. J'ai tout de suite compris que l'atmosphère brumeuse et le contre-jour pouvaient me permettre de camper une scène originale, très graphique. En revanche, je devais faire face à plusieurs contraintes. En premier lieu, équipé d'une focale fixe de 500 mm, je ne pouvais cadrer l'ensemble du groupe d'oiseaux. D'autre part, la végétation particulièrement dense m'empêchait de trouver une composition classique en « isolant » les sujets. J'ai donc opté pour un cadrage intégrant une partie des oiseaux et ce milieu végétal un peu « fouillis », caractéristique des bords de Loire. Il en ressort une image picturale, que je trouve un peu naïve, et qui m'a modestement fait penser aux tableaux du Douanier Rousseau, d'où le titre choisi : « Les amis du Douanier. »

Bruno Jéronimo

Un roi et ses reines

En octobre, je décide de partir en Brenne faire ce que l'on appelle communément le brame du roi de la forêt, du maitre des lieux à cette période, à savoir le cerf. S'il peut être accompagné de sa harde de biches, j'en serais comblé.

Fidèle à mon habitude, je pars alors qu'il fait encore nuit pour assister dans un premier temps à l'heure bleue, juste avant l'aurore, et saisir les premières lueurs du jour, les plus intéressantes à mon goût. Ensuite qui sait, peut-être vais-je rencontrer l'animal dans l'appel ou la sauvegarde de ses biches.

Une fois mon véhicule posé en douceur afin de ne pas déranger la nature dans son éveil, je marche seul, avec pour unique lumière la pleine lune, si belle, si intense, si ronde. L'atmosphère m'interpelle, m'intrigue... À peine une centaine de mètres parcourue sur le chemin, un cerf se met à bramer très près de moi, trop près, juste derrière un petit bois, au point de me demander si je dois continuer ou rebrousser chemin. Les cerfs sont parfois agressifs à cette période de reproduction.

Passés quelques instants immobile de peur qu'il ne me sente, je décide de poursuivre mon chemin, pas à pas, le plus calmement possible, en ne marchant que sur l'herbe qui saura amortir le bruit de mes pas. Le brame s'éloigne. Moi aussi. Je décide alors de pénétrer dans un grand pré où j'avance en direction d'un vaste étang, tous mes sens en éveil. Le regard et l'ouïe attentifs à tout ce qui pourrait être ressenti. J'entends tout d'abord un bruit au loin. Celui de l'eau remuée par des pas. Je devine alors dans le lointain un magnifique cerf qui traverse l'étang. Trop loin pour faire une photo. Je m'arrête toutefois afin de ne pas attirer son attention. L'animal décide d'en faire autant et s'avance au beau milieu de l'eau, relevant la tête pour vérifier l'endroit. Quelle magnifique rencontre !

Nous voici tous deux immobiles. Je décide de tenter une approche tout en préparant mon appareil photo. Mais je le vois bouger quasiment au même moment que moi, s'éloigner et disparaitre. Je me dis que cette rencontre sera la plus belle de la journée, même si je n'ai pas pu faire de photo. Arrivé au bord de l'étang, j'emprunte un chemin qui le longe.

J'avance calmement, je regarde et écoute ici et là, l'heure bleue est maintenant finie et les premières lueurs de l'aurore font scintiller l'eau de ce superbe étang. C'est tout simplement merveilleux ! Au milieu du chemin, j'aperçois un endroit où je pourrais faire un affût dans l'attente d'une autre belle rencontre. Je m'y installe. Les herbes sont hautes, les roseaux omniprésents me font une belle cachette. Je n'y suis que depuis quelques instants lorsque jaillissent derrière les phragmites toute une harde de biches suivies du cerf qui les accompagne avec la plus grande vigilance. Ils étaient tous cachés, certainement apeurés par mes pas qui ne leur étaient pas familiers. Mais la peur a été partagée par cet effet de surprise. Bien leur en a pourtant pris de traverser l'étang et de m'offrir un des plus beaux spectacles encore jamais vus dans la nature. Le cerf, un majestueux 12 cors accompagné de ses 9 biches, s'en allant dans cette traversée aquatique pour protéger et assurer ce qui fera sa descendance.

Inoubliable !

Harde de biches au petit matin - B. Jéronimo

Alain Rétrif

L'aigrette qui danse

L'aigrette qui danse - A. Retrif

Je pratique la photographie depuis une bonne cinquantaine d'années, avec une préférence assumée pour les oiseaux.

Domicilié en Vendée, à quelques kilomètres de l'océan, je peux me déplacer facilement sur la côte, dans les marais et tous les endroits favorables à l'observation de la gent ailée. De plus, je profite d'un grand jardin, bordé d'un petit ruisseau et d'un étang où de nombreux oiseaux viennent se poser.

Je me déplace souvent aussi dans diverses régions de France et c'est au cours d'une semaine dans la Brenne, en octobre 2014, que j'ai mémorisé un moment magique avec la rencontre d'une grande aigrette.

Un matin de bonne heure, nous nous sommes rendus avec mon ami Gérard au bord d'un étang dans un affût. Le temps était couvert, de la brume… On ne voyait pas à 20 mètres. Puis, tout doucement, le soleil a tenté une percée ; la brume s'est levée comme le rideau d'un théâtre et telle une danseuse entrant en scène, une grande aigrette est venue pêcher à quelques mètres devant nous. La lumière était bonne, que du bonheur !! Durant une bonne dizaine de minutes, j'étais en apnée, je crois…. et bien entendu je l'ai baptisée *l'Aigrette qui danse* tant ce moment m'a fait penser à un ballet d'une danseuse étoile.

J'ai pu profiter de nombreuses rencontres magiques mais je pense que celle-ci reste l'une des plus fortes et je remercie Dame Nature de nous offrir de tels moments.

Christine Véa

Une rencontre à voyager dans le temps

Changement de décor. Nous ne sommes plus dans les forêts ou au bord des étangs d'espaces naturels, mais dans la ville, en plein Paris.

Je venais de déposer ma fille à son école primaire rue de Musset, une petite rue calme perpendiculaire à l'assourdissante avenue de Versailles et parallèle au non moins bruyant boulevard Exelmans. Cette rue d'environ 220 mètres dispose de la plus petite bibliothèque de Paris et du célèbre laboratoire d'aérodynamique de l'ingénieur Eiffel, inauguré en 1912. L'un des premiers au monde.

J'avais peut-être discuté quelques minutes avec la gardienne de l'école (ou bien nous étions arrivées en retard…), tant et si bien que la rue frémissante d'enfants, de parents pressés et de nounous avec poussettes, deux minutes plus tôt, était redevenue calme et silencieuse en repartant.

C'est alors que j'ai aperçu un grand oiseau au début de la rue qui venait dans ma direction. Il était bien trop imposant pour être un pigeon. Ses ailes, surtout, étaient larges et son vol assez lent. Ne sachant pas de quel oiseau il s'agissait, la pensée que j'ai eue à ce moment était que les ptérodactyles avaient peut-être un vol similaire, il y a 150 millions d'années.

En une fraction de seconde, cette silhouette au loin me transportait dans l'univers du *Voyage au Centre de la Terre* de Jules Vernes ou dans un des romans d'expéditions dans des mondes perdus des auteurs de la fin du XIXè siècle ou du début du XXè.

L'instant d'après, comme l'oiseau s'était rapproché, je me suis demandée si ce n'était pas une cigogne, dont je connaissais la silhouette pour avoir vécu de nombreuses années en Espagne. Autre saut mémoriel dans un paysage de Castille, brûlé par le soleil. Mais une cigogne à Paris, cela semblait difficile à croire !

Quand j'ai enfin pu le distinguer, je l'ai reconnu : c'était un héron. Un héron qui suivait le tracé de la rue, en volant très bas, et qui se rendait au bois de Boulogne à quelques minutes de là. À le voir voler si bas, j'ai alors pensé que dans cette rue tranquille, c'était peut-être lui qui était curieux de savoir qui j'étais ! Avait-t-il pour autant voyagé en imagination dans le temps et l'espace au fur et à mesure qu'il me voyait plus distinctement ?

L'oiseau est passé à deux mètres au-dessus de ma tête dans un vol régulier et silencieux, puis il a pris de la hauteur pour passer au-dessus d'un immeuble et continuer sa route.

Cette belle rencontre n'a duré qu'un instant, mais cet instant m'a marquée car seize ans plus tard, j'y songe encore. Et je m'aperçois aussi qu'en repensant à cet échassier, je me souviens par la même occasion de ce quartier, de cette rue silencieuse, de la petite école, du parc Sainte Périne et de ma fille à cet âge.

Les souvenirs forment de nouveaux souvenirs et peut-être qu'en lisant ces lignes dans quelques années, je me souviendrai aussi de l'endroit où je les ai écrites, de mes chats qui dormaient sur le canapé et du feu qui pétillait dans la cheminée.

Les peuples traditionnels disent que nos rencontres fortuites avec des animaux sauvages signifient quelque chose. En cherchant sur la toile au moment où j'écris ces lignes, j'apprends que croiser un héron signifie que l'on est imaginatif et qu'il nous guide dans notre voyage intérieur…

En ville ou en pleine nature, avec ou sans appareil photo, remarquez-vous les animaux qui vous entourent ? Où vous transportent-ils ?

Remerciements

Un grand merci pour leur participation, relecture du texte et photographie aux photographes qui ont témoigné dans cet ouvrage et qui, je l'espère, ont pris plaisir à transmettre un de leurs souvenirs.

Merci aussi à l''équipe de l'association Festival Sologne Nature Image qui m'a fait confiance pour réaliser cet ouvrage et aux relectrices.

C. Véa